Herzblume

Gedichte

Sirpa Masalin

*Keinen Tag würde ich
tauschen wollen,
wenn ich wüsste,
nicht dieselbe zu sein,
die ich heute bin.*

Grafik und Text: © 2016 Sirpa Masalin.
Kustantaja: BoD - Books on Demand, Helsinki, Suomi
Valmistaja: BoD - Books on Demand, Norderstedt, Saksa
ISBN 978-952-330-305-8

Leben, lasse mir Zeit

Achtsam und wach
gehe ich mit meinen Tagen um.
Genieße das fließende Glück
und baue Dämme, um es zu rieseln.

Mein innig geliebtes Leben,
ich hoffe,
du kannst mir Zeit lassen.

Erinnerung

Manchmal
erinnere ich mich an gestern,
um all den Schmerz, Leere und
Verzweiflung zu spüren...

Um all das,
damals so von mir ersehnte,
was mich heute umhüllt,
nicht an morgen zu verlieren.

Stilles Nichts

Ich liebe es Stille zu lauschen.
Ihre leeren Botschaften
an mir vorbeiziehen zu lassen.
Alles an ihr zu genießen.

In ihrem Nichts denken müssen.
In ihrem Nichts tun müssen.
Genussvoll zu schweben.

Ungebetener Gast

Einsamkeit
ist ein grausamer Weggefährte.
Wie ein ungebetener Gast,
den man nicht bitten kann,
zu gehen.

Ruf nach dem Unbekannten

Die Sehnsucht wächst manchmal
in mir ins Unermessliche.

Aber wonach?

Die Reichtümer dieser Welt lassen
mich kalt.

Der Ruhm ist den Anderen.
Liebe hat mich erfüllt und meine Suche
danach gestillt.

Also Seele,
bette dich in zufriedenes,
erfülltes Leben
und sei still !

Fremde Welt

Der Wortklang der Menschen
wird mir immer fremder.

Manchmal fühle ich nach,
wie sich wohl eine Insel
vorkommen muss.

Alleine inmitten von anderen
und doch für sich allein.

Highly **s**ensitive **p**erson

In bin gefangen in meinem
goldenen Käfig.

Das da draußen regt mich an,
inspiriert und lockt mich.

Aber wenn ich dahin gehe,
sprudelt sie über mich
– die Welt.

Das Glück

Suche das Glück im Heute,
im Jetzt und Hier.

Denn das Glück von gestern
kannst du nicht morgen erreichen.

Lebe heute

Es gibt immer etwas,
worauf man warten kann.
Voller Vorfreude.
Ziele,
die man sich setzt,
um alles besser werden zu lassen.

Aber vergesse die Tage dazwischen
nicht mit Leben zu füllen.
Denn die Tage zwischen den Zielen
und „Besserem"
füllen sich sonst mit glasiger Leere,
ohne Atem des wirklichen Daseins!

Kinder in Erwachsenen

Menschenmenge voller Gesichter;
lachende,
ernste,
betrübte und glückliche.

Große Persönlichkeiten mit einer
zauberhaften Aura.
Arbeiter und Akademiker.

Gesichter mit Vergangenheit.

Gesichter Erwachsener mit
gebrochenen Kinderschüppen,
hinter den Masken der Zeit.

Die Zeit läuft

Träume bedeuten Hoffnung.
Sich in Rollen eindenken,
wo man gerne wäre.
Wagnisse ohne Risiko.

Manche Menschen träumen
ihr Leben lang.
Manchmal laut,
manchmal leise.

Aber eins ändert sich nie,
man hat nur ein Leben Zeit;
aus dem hätte, sollte, würde, wenn...

Geschenk

Du bist für mich wie ein großes
Geschenk.
Ich möchte deine Schnüre nicht öffnen,
nicht das wunderschöne Papier um
dich herum zu zerreißen.

Langsam möchte ich dich
genüsslich kennenlernen.
Wege finden in deine Seele.
Deine unbekannten Pfade schreiten.

Du bist für mich eine Quelle der
unendlichen Freude
– Mensch.

Nacht

Wenn die letzten Sonnenstrahlen
sich ergeben,
Platz machen für die Dunkelheit.

Fühle ich, wie sich die Arme der Nacht
nach mir strecken.

Ich liebe diese leise Schwärze,
die mir Ruhe schenkt,
die Freiheit.

Ihre samtigen dunklen Hände
streicheln meine glückliche Seele,
wenn die Nacht die Welt berührt.

Menière

Das Rauschen der seltsamen Meere
macht mir Angst.

Hunderte Geigen und Flöten tanzen
in meinem Kopf wie Wahnsinnige.
Ohne Pause.

Ich habe genug von den Meeren
und bin erschöpft,
immer die gleiche Musik zu hören.

Decke übers Leid

Wenn das Leiden beginnt,
habe ich gelernt, es als eine
Decke anzunehmen.

Ich ziehe es über mich,
fast liebevoll.

Ich lasse es toben und
zerren an meinem Kopf.

Meine Seele,
Liebe und Gedanken,
hüte ich neben mir,
in der zusammengepressten Faust.

Du bist nicht ich, ich bin nicht du

Nicht alle Gedanken müssen sich
zum Wort formen.

Du bist nicht ich.
Ich bin nicht du.

Gebe Platz an die Träume
– gefangen beginnen sie zu hassen.

Die Wege beider Willen können
auch nebeneinander glücklich gehen.

Sandkastenwunden

Gebrochene Kinderherzen,
erloschene Träume
zum Mittragen,
wie ein Rucksack voller Steine.

In wie vielen Erwachsenen
stecken tiefe pochende Wunden
– aus dem Sandkasten mitgenommene.

Die Heilungschancen sind gut.
Zeit kann man nicht aufhalten,
aber Erinnerungen auch nicht löschen.

Verwundete kleine Seelen

Grauenvolle Taten der Vertrauten.
Verletzte Kinderseelen wie
geirrte Geister im Universum.

Wer soll sie fangen,
um sie zu heilen?

Halte das Glück

Wir sollten das Glück schätzen.
Die Arme ganz weit öffnen,
um möglichst vieles davon zu halten.
Nur ganz wenig loslassen,
damit es morgen auch noch Glück gibt.

Angst

Ich lebte in ständiger Angst
dieses Leben zu verlieren.

Schmerz,
Krankheit,
Verlust...

könnte es in Millionen kleinen
Puzzleteilchen ohne Muster legen.

Mein Zuhause

So lange habe ich mich
nach eigenem Zuhause gesehnt.

In der Dunkelheit schaute ich in die
warmen, hellen Fenster der Anderen.

Habe Freude und Lachen mit meinen
Augen gelauscht.
Und vermisst.
So sehr vermisst,
so lange.

Heute habe ich mein eigenes
Zuhause gefunden.

Aus Liebe,
aus der Nähe meines geliebten Sohnes
und in den liebevollen Blicken unserer
Hunde.

Das Leben der Bäume

Die Baumkronen reichen
bis ins Unendliche.

Ich versuche mich hin und wieder
zu strecken.
Mich zu weiten.
Meine Grenzen zu finden.
Die zärtlichen Zäune
meines Ich zu spüren.

Aber niemals
werde ich diese Höhen
so fest,
so in Gleichgewicht,
tief verwurzelt erreichen,

wie das Leben der Bäume.

Das Leben

Das Leben ist wie
eine Quelle der ewigen Geschichten,
deren Plätschern niemals leise wird.

Zeit für die Nacht

Wieder ein Tag zu Ende.
Danke für die Freude.
Danke für das Lachen,
für die Liebe
und das Leben an sich.

Nun, komm Nacht.
Lasse deine ruhende
Hand über mich.

Kurzer Sommer in Finnland

Am ersten Tag atmete ich ihre Luft
– Heimat.

Am zweiten Tag ließ ich genussvoll
meine Augen auf den tanzenden
Wellen des Wassers ruhen.

Am dritten Tag verlor ich mich am
Duft des Kaminfeuers der
knisternden Birke.

Am vierten Tag ließ ich meine Haut
brennen in der Hitze der Sauna.
Tausend Schweißperlen bildeten eine
tropfende Straße.

Am fünften Tag umarmte ich die
Bäume im Wald und tauchte in
das Wasser des kalten Sees.

Am sechsten Tag wuchsen Erdbeeren
kleine Genüsse auf meiner Zunge.
Die süßesten Erdbeeren auf der Welt.

Am siebten Tag war der Sommer
vorbei.

Ich verabschiedete meine Bäume,

prägte zum letzten Mal die
blau weiße Welt in meinem Herzen
und weinte.

Von Sturm zu Liebe

Ich war ein tobendes, tosendes Meer,
bevor die Liebe mich mit ihren
lieblichen, süß riechenden Früchten
bewohnte.

Meine Stürme waren ziellos,
ausgebrochene Suchen nach dem
Sinn meiner Selbst.

Dann kamst du
und legtest deine sanften Gefühle
über meine Unruhe.
Fülltest mich mit all dem, wonach
ich mich sehnte.

Mein tobendes Meer wurde zu einem
klaren ruhigen Bächlein,
das seine kleinen weißen Steine mit
winzigen Wellen streichelte.

Ruderloses Boot

Ich bin wie ein geirrtes Kind
in der Welt der Realität.

Ich irre von Insel zu Insel,
hilflos und traurig
in meinem ruderlosen Boot.

Meine Welt

Da draußen ist die Welt
und ich bin in meiner Welt,
hier.

Also verpasse ich doch nichts,
denn ich bin ein Teil davon.

Wellen der Tränen

Ich schaue auf die Arbeitspapiere,
auf denen langsam meine
Tränen schmelzen.

Seltsam,
wie das Papier Wellen schlägt,
wenn es nass wird.

Der Duft der Haut

Wenn die Sonne auf der Haut
brennt,
duftet sie immer gleich.

Nur die Liebe ist
die des Anderen.

Der Ort,
die Zeit,
völlig gleichgültig.

Aber der Duft der Haut
ist immer der gleiche.

Die Natur erwacht

Die Sonne hat liebevoll
Blätter, Blüten
und Blumen
gestreichelt.

Solange, bis sie
ins Leben erwachen.

Tagebuch

Du könntest ein Tagebuch schreiben,
täglich,
um ein Erlebnis,
Ding,
Geschehnis,
einen Blick...
zu nennen, das dich heute berührt hat.

Es ist eine Lehre ohne Schule,
um die Augen zu öffnen
für das Wahre des Lebens.

Anhalten

Ich würde wieder gerne
meine Rädchen anhalten,
um die schönen Blumen,
um das neue Grüne,
um meinem Atem zu horchen,
um leise zu sein,
um langsamer zu werden,

wahrzunehmen.

Großes Glück

An einem kleinen Bächlein
saß ich auf einem Stein,
der mich gut trug und annahm.

Ich streichelte eine weiße kleine Blume
mit all meiner Liebe.

Das Glück war unsagbar.

Das Leben ist ein Schatz

Sei dankbar dafür,
dass du sein darfst.

Tue keinen Schritt auf einem noch so
langweilig sich fühlenden Weg,
ohne
dass du die Steine einzeln unter deinen
Füßen zu spüren versuchst.

Du bist erlaubt zu leben,
zu fühlen,
zu lieben,
zu atmen,
zu freuen.
Ein begrenztes Geschenk auf Zeit;
niemand kann sagen wie lange es sein
wird.

Also lebe deine Minuten, Tage,
Momente,
als ob wären sie die letzten Atemzüge
deines Lebens.

Das Bewusstsein mit deinem Geschenk
bereichert dich tausendfach und du
wirst immer mehr, immer neue
Geschenke bekommen.

Finnland

Wenn ich komme,
bin ich die Sonne
und das Lachen.

Wenn ich gehe,
wandele ich mich in eine Träne.

Fremdes Land

Auch wenn ich
deine Sprache spreche,

in deine Feinheiten geschaut habe,

deine kulturellen Gesten kenne
und mitmachen kann,

werde ich nicht zu
deinem Kind!

Unsichtbarer Tod

Der Tod geht um uns herum.
Ich fühle seinen kalten Atem,
wie heimlich.

Seine eisige Hand streckt sich
aus der Dunkelheit
und lockt zu sich.

Aber wen?

Luft einer Asthmatikerin

Wenn ich dich habe,
bist du mein Freund.

Wenn ich dich nicht habe,
bist du mein Feind.

Und wenn ich dich in
mich saugen kann,
öffnen sich meine Flügel.

Aber wenn du dich
mir entziehst,
werde ich das winzigste
Wesen auf Erden.

Wissen von gestern

Ich würde so gerne
die Rädchen der Zeit
zurückdrehen.

Mit 10, 12, 14...
wünscht man sich,
dass man schneller älter würde.
Dann,
irgendwann,
wird alles schneller.

Und was gäbe ich dafür,
die Kenntnisse von heute
damals gewusst zu haben.

Leid tut es mir,
unendlich leid,
dass ich das Schöne nicht gesehen habe
vor lauter Gier
nach etwas,
dessen Namen ich noch nicht mal
kannte.

Dann wirst du wach
und die Tage werden immer kürzer,
die Rädchen immer schneller.

Angekommen

Die Fesseln
des fremden Landes
halten mich nicht mehr fest,

ich bin zu Hause.

Eine einfache Erkenntnis

Ich war ein kleiner Baum
neben meinem Mutterbaum.
Durchsichtig,
unwichtig,
lästig und einsam.

Ich wollte die Luft
meines Mutterbaums ersparen
und zog meine Wurzeln früh,
sehr früh andershin.

Ich sehnte mich nach
gemeinsamem Tanzen im Wind der
Zeit.
Einem liebevollen Wort oder Tat.
Nach einer Frage: „Wie haben sich
deine Blätter gemacht?"

Im Regen und Sturm
war ich allein.
Das Glück nicht geteilt.

Heute
bin ich ein großer Baum
und warte nicht mehr.

Heute klärte sich der Wind
in meinen Blättern
und flüsterte mir zu:

Du bist ein einfacher Baum,
ohne Mutterbaum.

Für Pipa

Das Leben ist wie eine Bergstraße.
Rauf und runter mit atemberaubender
Geschwindigkeit,
ohne zu ahnen, was hinter nächster
Kurve kommt.

Genieße die rauschende Fahrt,
lass die Winde des Lebens
deine Segel füllen,
auf unbekannte Gewässer führen.

Probiere das Leben,
hänge dich an jeden seiner Strohhalme
als ob möchtest du die ganze Welt
verstehen.

Mache immer aus dem vollen Herzen.
Hör auf seine Stimme, leidenschaftlich
und hingebungsvoll.

Das Glück des Lebens soll dich tragen,
in seinen liebevollen Armen,
wo auch immer du hingehst.

Frühjahr am Polarkreis

Lass es regnen.
Lass es stürmen.
Sende meinetwegen Schnee
und Eis zu deinem Mai.

Ich liebe Dich,

Lappland.

Die Liebe zu Muttersprache

Die Preiselbeeren
sprechen meine Sprache.

Tannenzapfen, Steine und Moos
sprechen meine Sprache.

Die Blätter,
die braun auf der Erde liegen,
sprachen meine Sprache,
bevor sie im letzten Herbst
dahin fielen.

Alle hier
sprechen meine so sehr
vermisste Sprache,
Finnisch.

Kemijärvi

Wenn ich meine Zehen in
den Sand deiner Ufer vergrabe,
fühle ich, als ob würde ich mich
in jedem einzelnen Sandkorn
verwurzeln.

Lappland

Ich liebe den Schnee
deines Winters.

Das Plätschern
deines Frühlings.

Das helle Weiß und Blau
deines Sommers.

Deine brennende
Farbenpracht im Herbst.

Ich bin zurück!

Antworten ohne Fragen

Ich möchte auf einer Wolke sitzen.
Ausschau halten nach Antworten,
deren Fragen ich noch nicht mal
kenne.

Auf dem Weg ins innerste Ich.

Anderer Mensch

Die Bäume sind dieselben,
nur ich,
ich bin nicht mehr dieselbe
wie damals.

Die Einfachheit des Lebens

Verstehen
verzeihen
vergessen.

Abschied

Die Winde des Lebens
wehen in ihrem eigenen Rhythmus.

Sanft seufzend,
peitschend, stürmisch.

Bis eines Tages
der kleinste Hauch
verklungen ist
und sie finden
ihre ewige Ruhe.

Goldener Schlüssel

Ohne die Last der Vergangenheit,
die Schmerzen eines gelebten Lebens,
Enttäuschungen und Steine,
hätte ich nicht den goldenen
Schlüssel ins Glück gefunden.

Das Glück von heute

Angekommen.
Ich bin einmal geflüchtet
und war ohne Zuhause in
meinem Zuhause.

Hörte die großen
Weltenbäume rauschen,
aber sie konnten mich nicht
trösten.

Jetzt sitze ich hier
am fackelnden Feuer
und lausche auf das Flüstern
des Lebens.
Sehe Bilder, vergangene,
glücklich.

Abreisen

Heimlich,
fast unsichtbar,
bedeckt mich ein Schleier
der Melancholie.

Ich muss gehen,
mein geliebtes Land
verlassen.

Lappland II

Wenn ich das Plätschern
deiner Wellen höre,

das Schreien und Flüstern
deiner Winde,

das Blau und
strahlende Weiß sehe,

weiß ich,
ich bin zu Hause,

in deinen nachtlosen Nächten.

Unsagbares Glück

In den Armen der
lieblichen untergehenden
Sonne,
berührt von den zärtlichen
Händen des Windes,
summt meine Seele
stilles Glück.

Sommerglück

Goldene Baumspitzen
tanzen in
Strahlen der Abendsonne.
Glück des Spätsommers.

Lass mich bei dir sein

Land des ewigen Schnees,
gib mir deine Ruhe,
schmücke mich mit deiner Schönheit,
lass mich bei dir sein.

Meine Sprache

Endlich,
Worte mit Bedeutung.
Sie rieseln in mir
wie ein fröhliches
Frühlingsbächlein.

Zu Hause,
in meinem Heimatland.

Sturmboot des Lebens

Ich fahre in meinem
kleinen Sturmboot.
Die Winde des Lebens
reißen und toben.
Mein Zielhafen heißt
– Ich.

Lange, lange fuhr ich
wie ein Geisterschiff und
jetzt, heute,
bin ich wieder am Ruder.

Sandfluss

Ich bin wie ein plätschernder
Sandfluss.

So einfach wie Sandkörner
durch meine Finger gleiten,
vergesse ich,
gebe ich auf,
lasse gehen,
lasse los,
akzeptiere ich und
vergebe.

Fülle mein Herz mit endlosen
kleinen Körnern der Liebe.

Dankbarkeit

Ich fühle die Sonne,
das Licht,
die Wärme,
die Freude und die Liebe in mir,

berstend vor Dankbarkeit für alles
Bekommene.

Ruhe

Ich bin auf den Stürmen
meines Lebens geritten
wie ein großer Soldat.

Jetzt ruhe ich im Sand
eines niedlichen Ufers,
in Berührung von
liebevollen Gewässern.

Zufriedenheit.

Dichters Herz

Wenn ich schreibe,
male ich Noten meines Herzens.
Male Bilder meiner Gedanken
und Gefühle zum Wort.

Gebe ein Stück
meiner Seele.

Du hast die Wahl

Du bist der Schriftsteller
deines Lebenswerkes.

Du kannst den Anfang
und das Ende wählen.

Das Gute oder das Böse,
jeden Moment.

Mitmenschen

Die Passanten meines Lebens,
die Berührenden,
die Peitschenden,
die Liebenden und
die Lehrenden

haben alle in das Buch
meines Lebens geschrieben

– haben ihre Notizen hinterlassen.

Pflicht des Loslassens

Du musst gehen,
hinter dir lassen,
damit du verstehst
das Losgelassene.

Finnland II

Ich habe meine Tränen
in deinen Seen geschmolzen.

Deine Bäume umarmt
und du hast mein Herz berührt.

Danke,
dass du mich nach Hause geführt hast.

Ich liebe dich so sehr
– Finnland.

Schnee

Wenn der weiße Schleier
sich über die Welt legt,
fühlt sich das an,
als ob würde der Himmel
meine Seele streicheln.

Botschaft meiner Seele

Wenn ich die Worte
meiner Seele lausche,
stärke ich die kleinsten
winzigsten Zellen meines Körpers
und sie ruhen.

Krone der Dankbarkeit

Die Dankbarkeit ist
wie ein Korn.
Wenn du es säst,
erahnst du vielleicht gar nicht,
welch strahlend,
hell erleuchtete Krone
daraus wird,
voller Glück.

Für morgen

Heute legte ich meine
Rüstung nieder.
Verabschiedete
das Leid,
Einsamkeit und Schmerz
mit meinen Tränen.

Sternchen

Ich hörte rieselnde Worte
so lieblich weiche.

Ich umhüllte meine Seele
mit Liebe und Licht.

Ich bin nicht mehr allein,
ich bin einer von euch
– Sternchen.

Danke:

Danke Uli und Louisa für die technische und sprachliche Unterstützung.

Danke all den Menschen, denen ich im Leben begegnet bin.

Danke der Menière Erkrankung, die mich geschubst hat, das Wahre im Leben zu finden.

Danke der Highly Sensitive Person in mir, die das Leben auf intensive Art würzt.

Kontakt:

Sirpa Masalin

masalin.sirpa@gmail.com
facebook / Sirpa Masalin
youtube / Sirpa Masalin

Weitere Gedichtbücher:

Sirpa Masalin, Wege sind beschrieben / Tiesi on Määrätty
        Gedichte in deutscher und finnischer Sprache

Sirpa Masalin, erityisHERKKÄ
        Gedichte in finnischer Sprache

Meine Buchempfehlung:

Elaine N. Aron, Highly Sensitive Person